安顺屯堡文化

安顺市文学艺术界联合会 编

孔學堂書局

图书在版编目（CIP）数据

安顺屯堡文化 / 安顺市文学艺术界联合会编.

贵阳：孔学堂书局, 2025. 4. -- ISBN 978-7-80770

-774-5

Ⅰ. G127.733

中国国家版本馆CIP数据核字第2025J8490U号

安顺屯堡文化

ANSHUN TUNPU WENHUA

安顺市文学艺术界联合会　编

责任编辑：张发贤　贺雨潇

责任印制：张　莹

出版发行：贵州日报当代融媒体集团

　　　　　孔学堂书局

地　　址：贵阳市乌当区大坡路26号

印　　制：北京世纪恒宇印刷有限公司

开　　本：787mm×1092mm　1/16

字　　数：100千字

印　　张：8.25

版　　次：2025年4月第1版

印　　次：2025年4月第1次

书　　号：ISBN 978-7-80770-774-5

定　　价：48.00元

编辑出版委员会

序

顾 久

元朝末年，群雄逐鹿。朱元璋横扫中原，涤荡北疆，建立了大明王朝，但元梁王踞守云南，国家尚未一统。一则当时云南地域辽阔：除今云南全域外，还包括贵州西部（含安顺）、四川南部，以及缅甸、老挝部分区域；二则云南的军事地位十分重要，蒙古人曾用"斡腹之谋"，取道云南而灭掉南宋。于是，朱元璋毅然派重兵攻下云南，又从云南、四川、湖广三省各划出一块地，再从平定云南的30万军队中划出20万派驻，为贵州建省奠定基础。

当初贵州是个十足的"军管省"。20万军士主要沿从湘向滇、从东向西的主干道驻扎：玉屏—镇远—施秉—黄平—凯里—福泉—贵定—龙里—贵阳—清镇—平坝—安顺—镇宁—晴隆—盘县等；当然，还有散如星斗的锦屏、黎平、赤水、毕节等卫所（简称"卫"）。巡抚郭子章说："贵州一线路外即苗穴。"大体上，军管区之外基本上是少数民族的区域。

当时军队组织大致为：都司，相当于省军分区；都司下设卫，贵州先后建立过24个卫，为西南密度最高；各卫定制兵额5600名，下辖5个千户所；各千户所兵额1120人，下辖10个百户所；各百户所兵额112名，下辖2个总旗；各总旗兵额50名，下辖5个小旗；最小军事单位小旗，兵额10人。这些驻军的外部设施大致是：都司所在地建"城"；千户所有条件的建"卫城"；百户所、总旗等有条件的建立堡垒，即"屯堡"。屯堡外围还有"铺"（驿）、"哨"（站）等。由此看来，20万人分驻二十几个卫，贵州沿主干线和非主干线上的屯堡当时应当很多。

不仅贵州，全国很多区域都有过密集的屯堡，但历经600多年后大多逐渐消亡。其原因，消极方面看，有管理问题、生存环境和时局变化等；

积极方面看，大多数地方军队与当地百姓和睦相处，逐渐融合；因为军民融合，正常的政府管理逐渐取代了军队的威慑……所以，贵州安顺一带至今依然保存着"活化石"般的古屯堡，实在是奇迹！

但该奇迹虽历经百年，却似山间小花，林中野鸟一样，让人见惯不惊，默然存在着。先是20世纪初被日本人类学家关注并称为"明代遗民"。改革开放后，安顺"地戏"赴国外演出并引发轰动。当地人逐渐建立起自身的文化自觉与自信。受旅游文化的推动，屯堡大受重视，而专家们不断从各自的领域注视并研究着各类屯堡事象，论文专著可谓浩如烟海。但当普通人要想简洁清晰地了解屯堡全貌时，反嫌众口喧哗。

因此，这本篇幅适中，梳理屯堡历史，展示文化事象，表述规范，图文并茂的读物就显得非常重要。为此，安顺市委宣传部曾邀集当地专家多次认真研究讨论，还广泛征求省内外专家意见，力求具有客观性、准确性和可读性。

如果没有弄错，我的入黔始祖顾成，就是当年统辖屯军的将军之一，安顺的顾府街还曾坐落过他的辕门、遗留下他的行迹。岁月如流，斯人远逝。他，以及其所率领的数十万军士，受国家重托，远离家人故土，战斗在这举步皆山的边地，经历过多少风霜雪雨，忍受过多少悲欢离合，可曾有过"浊酒一杯家万里"的思念，有过"思归多苦颜"的忧伤，有过"边秋一雁声"的惆怅？可惜，他们的表情或是背影，我们都再也看不真切了……但是，他们的生命如同丰碑，以自身的苦难、坚守、奋斗与责任，使脚下这片土地，政治上国家化、经济上进步化、文化上一体化、精神上文明化，使之永远与大中华联结为一，牢不可破。我谨用以上文字，为他们奉上一瓣心香。

是为序。

（作者系贵州省人大常委会原副主任、贵州省文史研究馆原馆长、教授）

▪ 目 录 ▪

屯堡文化实际上是一个"大文化"，它把文化的国家性、民族性、地方性、民间性、主流性、边缘性全都融为一体，构建了一个独特的"多元文化"谱系。

钱理群
北京大学中文系资深教授

屯堡是贵州地区生动的现实生活，是历史文化的活化石，也是一座丰富的宝库。历史的、文化的、民俗的、语言的、音乐的、美术的，乃至社会学、民族学、国家治理的诸多宝贝，琳琅满目，数不胜数。

毛佩琦
中国人民大学历史学院教授、中国明史学会首席顾问

屯堡遗迹是珍贵的历史遗迹，是原生态的历史文化传承。

商传
曾任中国明史学会会长、中国社会科学院历史研究所研究员

屯堡文化显示了传承、包容、开放与吸纳的文明魅力，对所有研究者有着不可阻挡的吸引力和诱惑。

王春光
中国社会科学院社会学研究所研究员

学人眼中的屯堡

屯堡人是一个以高度的自觉、自信和坚韧来留住"乡愁"的汉族群体，在全国是独一无二的。

戴明贤
著名文化学者、贵州省书法家协会原主席、西泠印社社员

"黔中文化"是多元一体的文化，汉文化与本土文化既各具特色而又彼此吸纳、融合，共同发展，才如此丰富多彩。研究文化交融的价值并不亚于孤立研究某种文化的价值。

范增如
著名屯堡文化研究专家、文化学者

黔中地区历史文化面貌的呈现，一是由屯堡后裔所保留和承传，在服饰、语言、建筑、习俗等方面具有独特性的屯堡文化现象；二是由明清两代数百年间众多游宦官绅及本籍文士所写作，反映本地区特殊地貌、人情、风物的诗文作品。这两个方面，正是黔中文化最有特色也最能吸引人的地方。

袁本良
贵州大学文学院教授、汉语史研究学者

应该像敦煌学、徽学那样，有组织、有步骤地建立地域性专门学科——屯堡学。

张新民
贵州大学中国文化书院荣誉院长、教授

本寨古巷

引 言

习近平总书记指出："一部中国史，就是一部各民族交融汇聚成多元一体中华民族的历史，就是各民族共同缔造、发展、巩固统一的伟大祖国的历史。"

历经600年时光酿造的屯堡文化是中华优秀传统文化的重要组成部分，在被誉为"文化千岛"的多彩贵州，呈现出一道浸染"大明长风、江南情韵"的文化景观。

地处"滇之喉，黔之腹"的安顺正是屯堡文化的核心区。这里分布着众多的屯堡村落，聚居着与众不同的"老汉人"，他们说话带着明代官话特征，服饰保留着明代古风，石头砌的房子装饰着精美的木雕，看上去与周边的汉族和少数民族有很大的区别。黔中山地为何出现这些江南韵味的古村落？为何有学者称这一特殊族群为"明代遗民"？要探寻屯堡文化的种种谜团，就要走进那些隐藏在历史深处的家国往事。

屯堡文化产生的背景，是明王朝为维护国家统一在西南地区实行的卫所屯田制。大量来自江南的官兵在贵州境内屯军驻防、屯垦戍边，由此带入的故土文化在新的环境下演化发展，逐渐形成屯堡文化这一独特的地域文化。其包含语言、建筑、服饰、饮食、民俗、信仰等，保留着浓郁的明代遗风和江南特色，富有军旅文化色彩。历经600多年历史变迁，屯堡文化在安顺活态传承至今，形成系统完整的地域文化体系，如同一道活的历史风景，被称为"明代历史的活化石"。

"北有万里长城，南有千里屯堡。"屯堡的出现体现了强烈的国家意志与政治色彩，由此衍生的屯堡文化承载着宏大的国家战略，蕴含着"维护国家统一，促进民族融合"的重大价值，是与贵州建省相伴而生的文化脉络。

　　时光荏苒，屯堡人世代传承忠勇爱国的家国情怀、情牵故土的家园情怀、守望相助的家族情怀。他们既有对自身文化的自信和坚守，也有在贵州山地落地生根的坚韧顽强，演绎了同根同源的中华文化在迁徙环境下传承、建构、发展的典型范例，书写了中华优秀传统文化多元一体、生生不息的贵州样本。

　　屯堡文化为黔中大地带来丰厚的文化"宝藏"，留下了大批文物古迹和非物质文化遗产，安顺市78个中国传统村落中共有31个属于屯堡村落。2005年，安顺屯堡文化被贵州省人民政府公布为第一批省级非物质文化遗产。可以说"看明朝到贵州，游屯堡到安顺"。

春到九溪

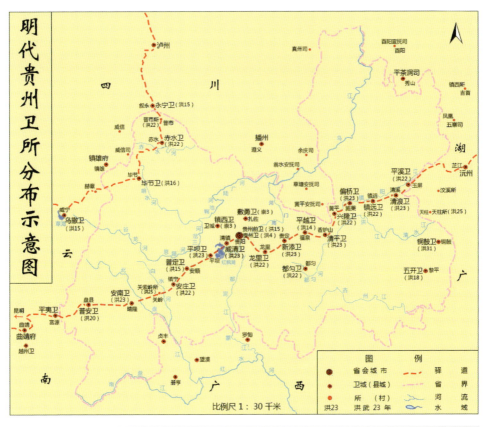

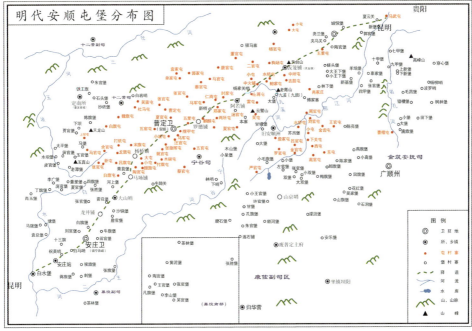

以上两图为范增如绘、吕燕平校、安顺学院贵州省屯堡文化研究中心制

历史渊源——

我从明朝来

屯堡文化的形成，要从"屯堡"和"屯堡人"说起。以此为线索，其形成和发展大体经历了"调北征南"、屯垦戍守、"军"转"民"三个关键时期。

"调北征南"时期。 据清咸丰《安顺府志》载："屯军堡子，皆奉洪武敕调北征南……散处屯堡各乡，家口随之至黔。"民国《平坝县志》载："屯堡人即明代屯军之裔嗣也。"由此可见，明初"调北征南"，是黔中"屯堡"形成的历史起点。明朝建立后，为维护国家统一，实行"北守南攻"的国策，北方巩固长城边防，南方展开"调北征南"军事行动。洪武十四年（1381），朱元璋令傅友德为主帅，蓝玉、沐英为副帅，顾成为先锋官，率领30万大军征伐云贵地区，扫除残元势力，将西南地区纳入大明版图。平滇之后，朱元璋为实现西南的长治久安，命征南官军大部就地屯驻下来，沿湘黔、滇黔驿道设立卫所屯军驻防，推行军屯制度。"调北征南"既是一次维护国家统一的军事行动，也是一次大规模的移民。这些留守贵州的屯军官兵大多来自江南，他们自此远离故土，"己身长做戍国人，自把异乡认故乡"。

屯军按照明代卫所军制，以5600名军人为一卫，卫下设5个千户所，千户所下又设百户所。以百户所为基本单位分兵驻屯，一边戍守，一边耕种，久而久之逐渐形成一个个屯堡村落。屯军官兵携家带口，实行父子相继的"军户"制度，"三分守城、七分屯种"，寓兵于农、且耕且守，在贵州形成大大小小700多个屯堡，延绵不绝。这些屯堡与北方长城遥相呼应，形成"北有万里长城，南有千里屯堡"的军事布局，发挥了巩固边防、维护国家统一的重要作用。屯军官兵将江南汉文化带到驻地，屯堡文化由此缘起。这些驻守屯堡的屯军后裔逐步形成今天的"屯堡人"。

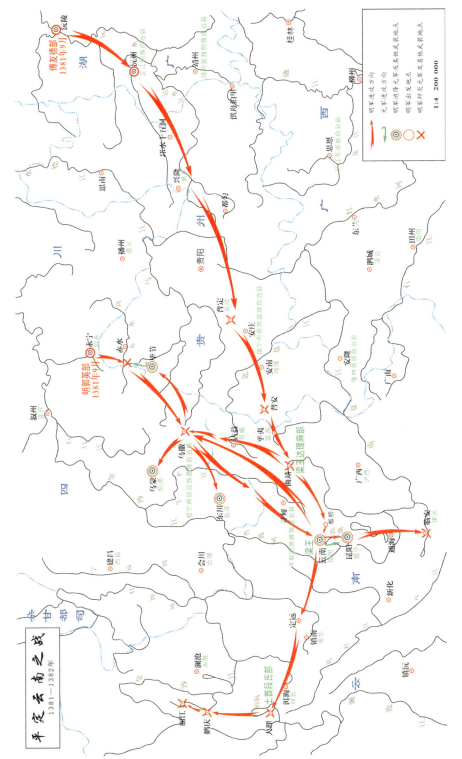

征南路线图，引自中国人民革命军事博物馆《中国战争史地图集》，星球地图出版社 2007 年版

安顺一带是"黔之腹、滇之喉，蜀粤之唇齿"的军事战略要地。这里地势平坦，耕作条件较好，卫所屯堡密集，屯军大量驻扎。屯堡地名多含有"屯""堡""旗""关""哨"等极富军事色彩的字眼。有的前面加上领头军官姓氏、官衔命名，如"鲍家屯""张官屯""汪官屯""丁旗堡""张指挥屯"等。有的则以驻地军事或地理特征命名，如"马军屯""青苔堡""河上堡"等，这些地名一直沿用至今。

九溪鸟瞰

卫所城池的建设也奠定了如今安顺城镇的基本格局。黔国公吴复于洪武十四年（1381）主持营建普定卫城（今安顺城），夏国公顾成置府邸于卫城内（今顾府街），黔宁王沐英建园林于牟（原为沐）家井。安庄（今镇宁县）、平坝、关岭等一批依托卫所建设的新城也开始在黔中大地崛起。

　　屯垦戍守时期。这一时期大致从明初持续至清初。"调北征南"之后，明廷继续实行"调北填南"政策，大量流民、商贾、工匠等江南地区的汉

移民进入贵州，进一步改变了当地的民族结构和人口结构。到洪武三十年（1397），属于明王朝的军事网络基本成型。再后来，土司林立的贵州境内形成24卫、69驿、28站的布局，彼时的贵州逐渐演变成一个"千屯遍列于原野，诸卫错布于州县"的"大屯堡"，容纳了50余万的军民，形同当时贵州的"生产建设兵团"。这一特殊的"兵团"开荒拓垦、戍守安边，为贵州建省创造了条件。从朱元璋到朱棣，历经30余年经营，永乐十一年（1413），贵州正式建省，拉开了一场持续百余年的"贵州大开发"序幕。逐渐从根本上改变了当地的政治、经济、文化结构，取得了巨大的发展成就。

在屯垦戍守的岁月里，屯堡人始终难忘入黔先祖们曾经的军功记忆，述说着他们"骑着高头大马打仗而来"的荣光。他们带着坚定的文化自信和对江南故土的怀念，一直秉承儒家文化仁义礼智信的价值理念，坚守诸多来自家乡的生活形态和传统习俗，形成了屯堡文化的鲜明印记。

"军"转"民"时期。明中后期至清初，随着军屯制度逐渐废弛，屯堡军士的"军户"身份发生变化。康熙十一年（1672）裁普定卫改设普定县、安庄卫归并镇宁州，康熙二十六年（1687），裁平坝卫改设安平县。卫所裁撤，安顺地区屯军"军户"身份正式终止，转化为普通农民。屯堡人作为普通农民面临新的生存发展问题，他们与周边少数民族的居住空间逐步融合，演变成"大杂居小聚居"的形态，到了清代中晚期甚至被称作"凤头苗"，被外界误认为是本地少数民族。

这一时期的屯堡族群经历了各种战乱，仍以极大的韧性顽强生存。时事变迁，密集的屯堡群落更加坚持和彰显自身文化传统及风尚习俗，以此强化自我认同，进一步增强团结互保的凝聚力。经历岁月的洗礼，屯堡人的生产生活方式、道德观念、礼仪风俗等等，逐渐形成了一套结构稳定、功能互洽的文化体系，影响并规范着屯堡人的生活，使之能够在漫长的历史变迁中保持某种稳定性，塑造了屯堡文化独特的风貌气象。

纵观屯堡文化形成、发展的历史进程，可以看到，国家军事集团的移民背景、密集的屯堡分布、庞大的屯军数量、良好的耕作生活条件、外部生存环境的塑造等等，都为黔中屯堡乡民社会发展为成熟稳固的形态创造了条件，这也是安顺屯堡文化得以保留存续至今的重要因素。

吉昌屯军山遗址

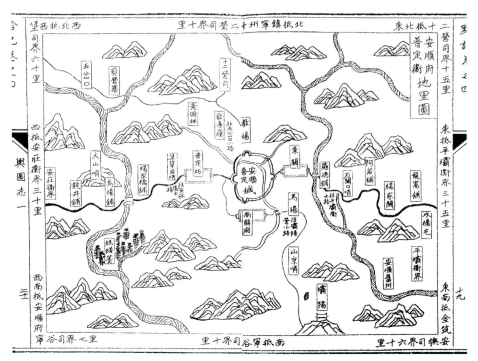

明代安顺府、普定卫图

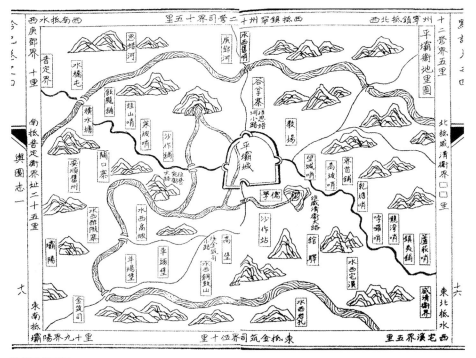

明代平坝卫图

明代镇宁州、安庄卫图

以上三图均引自 [明] 郭子章《黔记》

名称：安庄卫前千户所百户印
年代：明洪武二十三年（1390）
尺寸：长 7 厘米，宽 7 厘米，高 5.8 厘米
收藏单位：安顺市博物馆

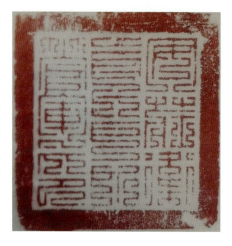

名称：安庄卫前千户所管军之印
年代：明洪武二十七年（1394）
供图：张勇

名称：明俞氏墓志铭
年代：明
尺寸：长43厘米，宽43厘米，厚7厘米
收藏单位：安顺市博物馆

名称：明郭贵墓志铭
年代：明
尺寸：长52厘米，宽50厘米，厚7厘米
收藏单位：安顺市博物馆

名称：明郭贵母李氏墓志铭
年代：明
尺寸：长62厘米，宽62厘米，厚8厘米
收藏单位：安顺市博物馆

边地华风——

民族融合的历史足音

从江南到西南，从驻守到坚守，屯堡人既是地方的守护者，也是地方的开发者，对贵州的发展作出了巨大贡献。他们以他乡为故乡，化田园为家园，变"军户"为"民户"，转驿道为商道，由此带来江南地区较先进的生产技术和文化思想，极大提高了当地生产力水平，推动了汉文化的礼义教化，加速了民族融合的步伐，使贵州从历史上的"化外"之区转为"化内"之地。

农业作为屯军的基础产业，实行卫所屯田之后，施肥、牛耕、引水、育种、栽培等生产技术得到推广，大大提高了贵州山区的农业生产效率。以鲍家屯为例，屯堡先民结合河道与村寨农田的地形地貌，修建了至今仍在发挥作用的防洪抗旱水利工程。该工程 600 年来一直润泽千余亩良田，被水利专家誉为"黔中都江堰"。2013 年，鲍家屯水利工程被国务院认定为第七批全国重点文物保护单位。2020 年，以鲍家屯水利工程为代表的安顺屯堡农业系统被农业农村部认定为第五批中国农业文化遗产。

晚清安顺城景

安顺自古产茶，是茶马古道上的重要茶叶集散地。屯堡人把长江流域先进的种茶、制茶技术和茶文化传入黔中后，茶叶种植和贸易得到极大发展。据清咸丰《安顺府志》记："茶，俗名丛茶，谷雨前采者名毛尖，色味俱佳，多出鸡场屯、狗场屯，采时大水桥（今大西桥）有茶市。"据民国《续修安顺府志》记，旧州一带茶产量"稍逊于东乡，然制法精良，色香味俱佳，茶商称为上品，销路颇广，即俗称小锅茶者是"。由此可见，屯堡区的茶产业发展，使得今天安顺茶声名远播、安顺的茶文化古韵悠长。

在教育发展上，随着卫所的建立，卫学、书院在贵州境内大量设立。卫学密度在全国居于首位，儒家文化广泛传播，为贵州明清出现"六千举人、七百进士"的盛况奠定了基础。不少屯军官兵的后裔通过科举之途，逐步实现了从军功之家向科举入仕的转变。屯军后裔赵侃于明朝天顺年间考中进士，不仅成为安顺的第一位进士，也是贵州建省后第一位任职京师、入列九卿的官员，对安顺的学风具有开风气之功。陈法家族和梅建家族成

晚清安顺城东街市集盛况

为传承"耕读传家"的典型代表。陈法家族先祖陈旺，明初随军入黔，落籍于安顺。陈氏后裔刻苦攻读，人才辈出。陈法、陈澂兄弟先后成为进士，接着其嫡孙陈庆升、陈若畴父子又相继登第，祖孙四人留下了"一门四进士，父子两翰林"的佳话。梅建家族先祖梅忠同样于明代以武职入黔。明清两代，梅氏代有人才出，共有进士4人、举人28人，被称为"习安士家之冠"。清《四库全书》中，贵州入选的仅有两部学术专著，一部是陈法的《易笺》，另一部为梅建的《重订马氏等音》。

明代整修驿道后，安顺成为滇黔驿道的主要枢纽。驿、站、铺十分密集，成为传官文、运粮饷、递军报的中转，极大改善了交通条件，打破了黔中地域封闭落后的状态，为商贸发展创造了条件。安顺众多屯堡村落利用沿驿道聚居、交通便利，以及众多汉移民汇聚的商机，大力发展市场贸易。据清道光《安平县志》载，屯堡人"男子善贸易"。崇祯十一年（1638），旅行家徐霞客到访普定卫（今安顺城），赞叹"市集甚盛"。

在云山屯，昔日繁荣的贸易景象亦有迹可循。贯穿整个村寨的古街是昔日通往云南的古驿道。周边半人齐高的铺台、鳞次栉比的商铺仍可瞥见曾经的商业繁华。这条古道上，曾汇集了绸缎庄、布店、药号、盐号、烟号等各类商户。

成熟活跃的商业贸易，成为屯堡乡民社会内部调剂缺余、产业互补的重要渠道，极大满足了乡民的生产生活。一些流动商贩还瞄准商机，轮流在不同的地点摆摊、设点，乡民们则将一些自产自销的土特产拿到这些摊点上售卖，渐渐发展成为方便大家日常所需的"转转场"。"转转场"以十二生肖命名，如"鼠场""牛场""猫场"（当地"虎"亦称"猫"）等，按日依次在约定俗成的地点设乡场，一轮轮循环往复，每日不断。"转转场"在屯堡地区较为普遍，各区域都有一个"市场圈"，辐射周围的乡民。在交通和通信不发达的年代，乡场上也是乡民们见亲会友、传递消息的重要场合。如今，以十二生肖为顺序的"转转场"，大多被星期制的顺序所取代，逢赶场天总是车水马龙、热闹非凡，充满乡土气息。

商业繁荣、市场完善，一方面维系了屯堡乡民社会的稳定，另一方面也让屯堡商人积累了扩大贸易的财富，涵养了"农商并重"的传统，推动安顺一地逐渐成为贵州中西部最主要的商业重镇，明清时期已有"商业之盛，甲于全省"之誉。

随着黔中地区政治、经济、文化的空前发展，各民族交流、交往、交融的步伐加快，掀开了民族融合崭新一页。在明朝经略西南的进程中，安顺少数民族土司深明大义，做出了有利于家国的抉择。洪武五年（1372），明军尚未征服云南，安顺也尚未建城，管辖安顺大部分区域的女土司适尔率土归附明王朝，其辖地是通往云南的咽喉要地，为明军先期进占黔中及西南一带提供了条件。《明史·贵州土司》开篇即将适尔与水西土司霭翠和水东土司宋钦并列，可见其有很高的地位和影响。在明初征南平滇军事行动中，普定军民府知府者额和安顺州同知阿窝等一批少数民族土司，配

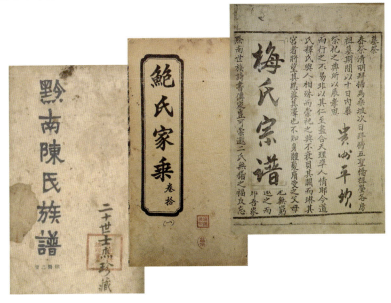

部分屯堡家族家谱

合明军对元朝残余势力作战，进而安抚族民，为明朝地方政权的建立发挥了重要作用。

明中央重视对西南少数民族"教而化之"，规定"未经儒学教化者不准承袭土司"的政策，加强对土司承袭人员的教育，以促进土司土民文化提高。安顺土司子弟率先入学国子监，开明代贵州土司子弟入国子监学习先例。洪武十五年（1382），普定军民府知府者额入京朝贡，朱元璋令其返回后诏告诸土司，"凡有子弟皆令入国学受业，使知君臣父子之道，礼乐教化之事。他日学成而归，可以变其土俗而同于中国"。洪武十七年（1384），者额派其儿子吉隆等16人到京师国子监学习。此后，各土司子弟通过各种渠道进入官学受教。随着汉文化对少数民族的影响不断深入，黔地"渐染中国礼义之化"，从明初"耕山到处皆凭火，出入无人不带刀"的状况，发展为"近被华风，稍变其陋"，出现"村村卖剑买牛耕"

抗战时期文物南迁典守人员黄异所绘《安顺牛场图》

的新气象，民风大为改观。万历《贵州通志》记载，普定卫人"诗书礼乐不减中州"。

华夏文明之风渐染边地山民。在漫漫历史长河中，屯堡人逐渐以"大杂居小聚居"的形态与黔地各族人民交错杂居、和睦相处，不同文化保持了各自的特色又互相包容、和谐发展，是中华文化多元一体的具体写照，彰显着中华大地多族共融的壮阔历程。屯堡人不仅推动了地方经济文化的发展，也传播了国家观念与王朝意识，强化了"大一统"的地缘结构秩序。

屯堡文化在形成过程中，有明显的"文化增容"和"文化重组"，展示出具有包容开放、趋时纳新的一面，又有保守传承、持续稳定的一面。这也为理解和把握贵州文化，观察中国文化的多元性形成过程、特质，提供了一个典型案例。

屯堡市集

本寨风光

屯堡方言——

西南官话区的"方言岛"

屯堡方言是辨别屯堡人的重要特征，主要分布在安顺周边的屯堡地区，属于北方语系的西南官话，但其语音语调、词汇语法方面较其他西南官话有着显著差异，是屯堡人相互认同的文化标志，对屯堡社会而言具有较强的凝聚作用。

屯堡方言的独特性源于其形成的历史背景。明初入黔驻防屯垦的军人和随军家属，原籍多为江南，许多屯堡乡民称自己的祖上是"南京"人。初入黔的军士们难免"离乡不离腔"，他们所操的乡音"南京话"，正是"明代官话"的基础，也是早期屯堡方言形成的"底子"。随着历史的变迁，"屯堡话"有所衍变，但特有的文化环境使其一直保留着"明代官话"的一些特征，在西南官话广泛分布区形成一个独特的"方言岛"现象。有学者认为屯堡话与"明代官话"有较高的相似性，生动比喻屯堡人说的是明代"普通话"。

屯堡家常

屯堡人说话语速较快，透着爽朗之气。其卷舌音、儿化音较重，有不少习语与南京方言的发音一致，例如"男娃""女娃""孃孃"等。此外，屯堡方言中使用的许多俗语与《红楼梦》中的俗语非常相似，都具有浓郁的南京土语特色。例如，"上不得台盘"演变为"狗肉包子上不得台盘"；"无可无不可"演变为"有也可无也可"；"羊群里跑出个骆驼来"演变为"牛圈里伸出马脑壳来"；"着三不着两"演变为"倒二不着三"，简称"倒二"。还有"哪个耗子不偷油""偷来的锣鼓打不得"等等。屯堡方言与南京方言的相似之处，充分体现了屯堡文化与江南文化一脉相承的历史渊源。

屯堡方言的另一特色是"言旨话"。这些话如同"打哑谜"，却能让屯堡人心领神会，一下拉近距离。简而言之，就是想说的字隐在四字成语或俗语里不说，只说出前面三个字，例如：将"喝水"说成

屯堡方言：抽抬（chōu tái）
赶二铺（gǎn èr pù）

喝"青山绿（水）"，"喝酒"说成喝"天长地（久—酒）"，买肉称为去买"细皮嫩（肉）"，买盐称为买"哑口无（言—盐）"，等等。言谈间已经完成一次"猜字游戏"。

"言旨话"是中国最古老的歇后语——藏词式歇后语。这一语言形

屯堡方言：仙宿（xiān xiù）
哈数（hà shù）

式在魏晋时出现，唐宋时流行，而在元杂剧、明清传奇小说中大量呈现。安顺屯堡人多来自江南，其祖源地深受元杂剧、明清传奇小说影响，这就不难理解"藏词式歇后语"为何在屯堡落地生根。"言旨话"至近现代以后近乎绝迹，而在屯堡人中得以保留下来。

屯堡方言中还保留着大量的民间谚语，或与农事相关或总结生活起居、社交礼仪、人生哲理等方面的经验，如："小满不满、干断田坎""月亮打伞、晒得鬼喊""白露不低头，割来喂老牛""犁得深、耙得烂，一碗泥巴一碗饭""勤勤俭俭粮满仓""萝卜上街、药铺不开""人要忠心，火要空心""人有小九九，天有大算盘"，等等。

屯堡话的日常用语也十分接地气。比如，用"鸡飞狗跳"形容"鸡犬不宁"，"一流二水"形容"滔滔不绝"，"捞头不捞尾"形容"断章取义"，"宁可输个头颅，不愿输只耳朵"形容"士可杀不可辱"等等，十分生动。

充满趣味的屯堡方言体现了屯堡人"能说会道"的语言天赋，善用俚词俗语，话风生动有趣，表达周到圆融，有时闪现机锋，有时含而不吐。这些特色与屯堡人的文化背景、生存环境密切相关，生动体现了屯堡人幽默的性格特征和机变的处世智慧。

屯堡方言

村落建筑——

隐入田园的"石头城堡"

独特的屯堡建筑是展现屯堡文化最直观的"窗口"。在地势相对平坦开阔的黔中山地，一个个屯堡村落星罗棋布，外围包裹着坚固的石头城垣，寨内石瓦屋面连缀成片，远远望去如同一个个"石头城堡"。"石头的瓦盖石头的房，石头的街面石头的墙，石头的碾子石头的磨，石头的碓窝石头的缸"，这首民谚正是对屯堡石头世界的生动描述。这些村落，处处保留着历史的印记，透露出军旅文化的气息，又有一番江南韵味。

屯堡村寨选址主要从三个方面考量，一是受传统风水观念影响，二是突出军事防御性，三是考虑耕作条件。村寨选择山水形胜的"风水宝地"，地处扼守通道的区域，占据适于作战的地势，利用周边山水格局，形成天然的防御屏障。"依山不居山，临水不傍岸"，寨后紧靠青山，寨前多为水源充足、土质肥沃的田坝，进可攻、退可守，既利于屯田耕种，又可避免洪涝灾害。

村寨布局具有军旅遗风，呈现结构严整、主次分明、层层围护的空间特征，与军营格局有异曲同工之妙，被誉为"冷兵器时代的最后堡垒"。其外围有坚固厚实的石头寨门和寨墙，寨中巷道纵横交错、形如迷宫。

民居宅院沿巷道分布，外墙墙体多呈圆弧形，开窗较小，留有射击孔，易于巷战御敌。这些院落自成一体又有巷道相连通，长巷里各户前后门灵活开合，村民能游走自如，来犯者却落入"瓮中"，体现出"家自为塾，户自为堡，倘贼突犯，各执坚以御之"的特点。村内还有炮台、高耸的碉楼等军事设施，与寨门、寨墙、巷道、院落等各具特色的防御要素共同组成了"点、线、面"结合的山地防御系统。

以鲍家屯的内、外八阵布局为例，坚固的石头房屋和巷道构成的"内八阵"，包括青龙阵、白虎阵等，体现"街巷为阵、屯阵合一"。"外八阵"则是利用寨墙外四周的山峰和河道，以石墙、碉堡、岩石、壕沟和河沟等

本寨古建筑群

构筑起八道外围防御阵地。此外，鲍家屯还保留着完整的中轴线。这条中轴线由南向北，经屯口—瓮城—汪公殿—大佛殿—关圣殿—练武场—鲍氏宗祠—振威将军陵园，贯穿全屯，具有中轴对称和主次分明的特点。

屯堡民居多为四合院或三合院，体现了"防御性与舒适性兼有，阳刚美与阴柔美共存"的特点。房屋属传统的石木结构，充分利用黔中丰富的石材。石料在墙体、外窗、屋面等大量采用，既价廉物美，又坚固耐用，还能有效防火和隔潮。房屋形制和风格深受江南建筑的影响。以四合院为例，采取中轴对称布局，正房居于主轴线上，正中一间为堂屋，内壁多设

置"天地国亲师"牌位。两边厢房的台基较矮，体量也较小，正房对面倒座的位置最低。这些建筑主次有序，合围而成院落的"天井"，俗称"四水归堂"。院内的柱础、地漏等多有灵动精美的石雕图案。宅院大门不直接面对大路，斜开"八"字式样，又名"八字朝门"。

屯堡民居最引人注目的"点睛之笔"是精美的木雕装饰，体现在垂花门楼、隔扇门窗、额枋、门簪和其他木构件上。木雕图案有"花开富贵""喜上眉梢""五福临门"等，用牡丹、喜鹊、钟、蝙蝠、石榴、铜钱等比拟"耕读传家""富贵吉祥"等寓意，与江南的建筑装饰如出一辙。这些精美的木雕装点在坚硬的石头建筑上，如同石头上开出瑰丽的花朵，将黔中山地的刚劲质朴与江南水乡的雅致灵动完美融合。经过岁月的洗礼，风化斑驳的石墙、木窗呈现出古朴灰白的色调，掩映在青山绿水间，如同凝固的音符，营造了时空转换的场景，演绎着江南水乡与黔中山地的历史对话。

屯堡建筑寓军事防御性与居住功能于一体，其营造技艺体现了深厚的文化内涵和精湛的工艺水平，是极富地域特色的建筑景观。2007年，屯堡石头建筑技艺被贵州省人民政府认定为第二批省级非物质文化遗产。

民居与地戏

屯堡古建构件

垂花门楼

屯堡古巷

屯堡古建构件

"凤阳汉装"——

穿在身上的江南风韵

穿在屯堡妇女身上的"凤阳汉装",是一道连接屯堡与江南的风景线。据清咸丰《安顺府志》载,屯堡妇女"以银索绾发髻,分三绺,长簪大环,皆凤阳汉装也",记录了屯堡妇女服饰源自"马皇后"的故乡安徽凤阳。如今"凤阳汉装"在其祖源地已难觅踪迹,却在屯堡流传至今。历经漫长的世事变迁,屯堡妇女默默传承其服饰传统,可以说其妆引目,其情感人,其功甚大。

"凤阳汉装"是右开襟的长袍,两边开叉,颜色多为天青色、蓝色等冷色调,腰前系有深色"围腰"。衣服袖口长度仅到手肘处,但却十分宽大,俗称"大袖子"。"头上一个罩罩,耳上两个吊吊,腰上一个扫扫,脚上两个翘翘",是对"凤阳汉装"极为传神的描述。

"头上一个罩罩":指已婚妇女的头饰。她们将头发绾在头上,用一个马尾织成的"罩子"(发网)盖住头发,再用玉或银的"梅花管簪"固定,俗称"凤头髻"。头上还用约宽一寸半的布条包头,显得干净利落。年轻的妇女一般包白帕,年老的包青帕。未婚女子简单梳成独辫即可。

"耳上两个吊吊":指屯堡妇女耳上一对银链坠着的耳饰,其样式多为叶子形、鱼形、珍珠形等。此外,屯堡妇女喜欢佩戴银或玉制成的手镯、戒指,工艺精美、图案丰富。

"腰上一个扫扫":指已婚屯堡妇女腰上系着的黑色丝绸腰带,俗称"丝头系腰"。腰带系在腰间从身后打结,两端缀满的丝线集成一束自然垂下,形似"扫帚"状,行走时左右摇摆,富有动感。腰带以丝线手工编织而成,看似简单朴素,却需要高超的编织工艺,工序繁琐,纺织费时,只有鲍家屯才能加工生产。这门从徽州祖传下来的手艺,有"传男不传女、传媳不传女"之说。2024年,丝头系腰制作技艺被贵州省人民政府认定为第六批省级非物质文化遗产。

"脚上两个翘翘":指屯堡妇女所穿绣花鞋,鞋尖翘起形如凤头。由

屯堡"小嬢嬢"

丝头系腰

屯堡头饰

于需下田劳作，她们不缠"三寸金莲"，保持"天足"，因此被称为"大脚妹"，翘起的鞋尖正好巧妙地将脚形修饰得精巧秀气。

屯堡妇女的心灵手巧体现在服饰的刺绣工艺上。她们在袖口、领口和斜襟处用五色的彩线绣上精美的花纹，点缀得恰到好处。其花纹多为传统的雷丁纹，寓意人丁兴旺、福寿绵长，后又丰富为花鸟鱼蝶等灵动的图案。绣花鞋更是其刺绣工艺的集中展示，鞋面多绣有花鸟组合图案，写实与抽象并用，线条流畅，配色鲜艳。鞋帮上用彩线绣花滚边，一针一线针脚细密。

头饰饰品

这些穿着"凤阳汉装"的屯堡女子，仿佛从明代江南一路走来，将倩影留在古街老巷中，成为一道靓丽的风景。如果说屯堡男子承载了金戈铁马的军士遗风，女子们则以刚柔兼济润泽了屯堡的日常。2007年，屯堡服饰被贵州省人民政府认定为第二批省级非物质文化遗产。

制衣老艺人

屯堡服饰

凤头绣花鞋

屯堡风情

民间习俗——

屯堡家园的精神基石

高台地戏

"生活在历史里，历史在生活中。"这是屯堡民间艺术和民风民俗的生动写照。600年来，屯堡人始终坚守传统、不忘根本。他们把故土的文化印记写进了家谱，跳进了地戏，演进了歌舞，融入了仪式，留在了家训，构建起丰饶的精神家园，是"何以屯堡"的生动解读。

地戏。又称"跳神"，是屯堡区域广为流传的民间戏剧演出形式，也是认定屯堡村落的重要标志。据《续修安顺府志》记载："当草莱开辟之后，人民习于安逸，积之既久，武事渐废，太平岂能长保？识者忧之，于是乃有跳神戏之举。借以演习武事，不使生疏，含有寓兵于农之深意。"可见，地戏的形成带有演武健身的军旅遗风，其粗犷原始的表演风格，被称为"中国戏剧活化石"。

演出地点为村寨内外的空坝，一般不设戏台，就地围场而演，故名地戏。安顺范围内流传的有300多堂，仅西秀区就有近200堂。一般为一个村寨演一堂戏、跳一部书，少数较大的村寨有两堂乃至三堂戏，演员都是地道的农民。一年有两个演出时段，农历正月称为"跳迎春神"，农历七月称为"跳米花神"，大多演出半月左右。

地戏是屯堡人精神生活的重要内容，蕴含着丰富的文化内涵。一堂完整的地戏，演出前和演出结束都有隆重仪式，包括"开箱""请神""参土地""参庙""扫开场""扫收场""封箱"等。庄严的仪式承载着祭祀祈福的敬畏，为"跳神"的开启营造了肃穆的氛围，体现了地戏在屯堡人心中的"重量"。

"跳神"环节是正式演出部分。演出时，演员首蒙青巾，头顶面具，腰围战裙，手执戈矛刀戟。一锣一鼓伴奏中，演员们在台上"闪转腾挪"，生动展现出战鼓频催、喊杀连天的两军交战场景，可谓"三五步千山万水，七八人万马千军"。戏中演唱多为"一唱众和"，其间穿插本地方言，这一表演形式深受江西弋阳腔的影响，高亢粗犷的唱腔也透出弋阳老腔的苍

1986 年，安顺地戏赴法国参加巴黎艺术节（沈福馨　供图）

地戏演出

凉刚劲。"弋阳腔"起源于江西弋阳，是明代南方四大声腔之一，曾流播到南京等地。如今，这种古老的唱腔在发祥地及流播地区早已消失，而在安顺地戏中保存至今，体现了地戏作为戏剧"活化石"的特殊价值。

地戏形成于屯军戍边的历史背景，其表现的内容大多是金戈铁马的征战场景。素材取自《三国》《封神》《杨家将》《岳飞传》等历史故事，但"《三国》不跳走麦城，《说岳》不跳风波亭"，不演《西游》的神奇鬼怪，不演《水浒》的离经叛道，更不演《西厢》之类才子佳人戏。

戏中演绎的明君圣贤、忠臣良将，即是屯堡人心中的"神"，实则是演义化了的历史人物。屯堡人在一年中的重要时刻，精心组织地戏演出，唱颂保家卫国的英雄人物，宣扬忠勇仁义的价值追求，既承袭演武健身的功能，也发挥了教化传承的作用。

面具是地戏表演的灵魂。地戏面具俗称"脸子"，一堂地戏的"脸子"少则几十面，多则上百面。面具通常由面部、头盔和耳翅三部分组成，经过多道工序制作而成，雕工精湛细致。主要分文、武、老、少、女五类主将，此外还有小军、道人、丑角等，按照角色的性格进行彩绘上色，面部造型夸张大胆，给人以古朴厚重或怪诞粗犷的美感。数百年来，地戏面具的雕刻工艺传承相袭，已发展为独具特色的民间艺术瑰宝，在国内外享有很高的声誉。2006年，安顺地戏被国务院认定为第一批国家级非物质文化遗产。

硝烟散尽，岁月如歌。地戏一年年唱演、一代代传承，也为乡民们搭建起团聚和娱乐的空间，热闹了村村寨寨，浸润了漫漫时光。

地戏面具（脸子）

屯堡地戏

屯堡地戏

屯堡花灯。"玩花灯"又称"玩灯",是屯堡村寨中十分接地气的戏曲表演。农历正月玩花灯称为"迎春灯",七月则称为"米花灯"。花灯随屯堡先民从江南带入安顺,在吸取本土的语言、音乐曲调后,形成了浓郁的本土特色。《安平县志·风俗志》载:"元宵遍张鼓乐,灯火爆竹,扮演故事,有龙灯、狮子灯、花灯、地戏之乐。"一些屯堡村落有专门的灯班或戏班,一般由二三十人组成,人员分工为三个部分:演员、乐队、灯笼仪仗队。

屯堡花灯

花灯表演形式分为两大类，一是歌舞类花灯，二是花灯戏（灯夹戏）。歌舞类花灯表演以"灯"作伴，营造浓郁的节庆气氛。演出当晚，在一阵锣钹鼓点声中，灯班一行人在观众的簇拥下结队走来。最先引人注目的便是灯笼仪仗队，每人高挑着一个灯笼，有鲤鱼灯、荷花灯、白兔灯、龙头灯、八卦灯等。乐队和演员紧随其后，热闹非凡。演出讲究"歌不离口，动不离手，手不离扇帕，身不离步法"。以男女两个角色为主，男称"唐二"，女称"幺妹"，二人各执手中扇帕，边舞边唱边说白，舞步轻快飘逸，对白诙谐风趣。旧时女角多由男子扮演，他们在台上男扮女装、涂脂抹粉、诙谐打趣，令观众捧腹大笑。

花灯戏以歌舞为载，或表现家长里短的生活故事，或演绎惩恶扬善的忠孝故事或缠绵忠贞的爱情传说，又称为"灯夹戏"。曲目有《干妈问病》《刘三妹挑水》《打舅娘》《蟒蛇记》等。其曲调悠扬婉转，保留了江南丝竹调的韵味，加上一唱三叹的唱词，使演出动人心弦。

安顺花灯戏是贵州西路花灯的典型代表。普定县马官镇以其花灯艺术之盛被誉为"中国民间文化艺术之乡"。2007年，安顺花灯戏（屯堡花灯）被贵州省人民政府认定为第二批省级非物质文化遗产。

"白天跳地戏，晚上玩花灯。"当夜幕来临，屯堡的花灯戏点亮了整个村庄的欢乐气氛。地戏的刚与花灯的柔形成了鲜明对比，两者也共同构成了屯堡戏剧文化的两端：一个承载历史，一个寄托欢乐。

屯堡花灯

花灯老艺人

屯堡花灯

屯堡山歌。屯堡山歌生动泼辣，多唱男女恋爱。兴之所至，家里可以唱，田边地头可以唱，山上河边可以唱，甚至一边干农活一边唱。例如，插秧、采茶季节，农民喜欢请来擅长唱山歌的亲友，一边劳作，一边唱山歌、对山歌、听山歌。

"山歌无本，全靠嘴狠"，一旦对起山歌来，全凭演唱者借景、借事、借物即兴创作，现场发挥，"逢山开路，遇水搭桥"。所以，山歌手大多口齿伶俐、机智聪慧、出言果断。由于是即兴创作，不可能字斟句酌，只须合情合理，比兴得当、朗朗上口即可，由此也更加易于传播，深受乡民欢迎。人们在山歌中寄托了情思，消磨了时光，寻觅到知音。

屯堡山歌分四句歌、盘歌、疙瘩歌、九连环等类型。四句歌又称对子歌，以四句为主，多为男女互诉衷情、调侃取乐。比如，女："一更一点夜深长，妹在楼上望情郎。爹娘问是哪样响？风吹罗裙响叮当。"盘歌顾名思义就是盘唱事物来龙去脉，歌手以此互相打探对方水平高下。比如，

屯堡山歌

男："哪样出来高又高？哪样出来半中腰？哪样黄来连架打？哪样头上棒棒敲？"女："高粱出来高又高，苞谷出来半中腰。黄豆黄来连架打，葵花出来棒棒敲。"疙瘩歌又名长途歌，是在演唱中加进说白的一种类型。比如，女："八月里来地瓜熟，郎来接妹去过中秋。桂花香，月亮明，田中谷子打黄头，树上阳雀呱呱叫，去时不得转时愁。出门打伞看伞尖，伞把拿在手中间，月亮圆圆到十五，久后才知情意浓。"九连环又称飘带歌，是山歌逗趣的一种句式变化。将七字句任意发挥，大量使用衬词，从而加强了气势，于活泼风趣中丰富了所表达的内容。比如，女："哥在山前山后山左山右左坡右坡南坡北坡上坡下坡栽葡萄，妹在楼前楼后楼左楼右左楼右楼上楼下楼走马转角楼上绣荷包，哥栽葡萄大大小小酸酸甜甜苦苦辣辣长吊长吊大个大个来送妹，妹给你绣个丁丁拐拐拐拐丁丁须须甩甩甩甩须须鱼跳龙门凤穿牡丹八仙过海的花荷包。"这些生动的唱词充满了浓浓的乡土味，带着朴实与真率，驱走了日常劳作的枯燥和疲劳，给农家生活带来慰藉与欢乐。2007年，屯堡山歌被贵州省人民政府认定为第二批省级非物质文化遗产。

抬汪公（抬亭子）。"抬汪公"是屯堡人最热闹的年俗之一。汪公名汪华，安徽徽州人，隋末唐初"镇定地方，保境安民"。在李渊、李世民父子建立唐朝的战争中奏表归唐，使徽州之民省去了战乱之苦。他死后，百姓感怀其恩德，"汪公"便成了自唐代以来徽州一地供奉的地方神。明初"调北征南"时期，汪公后人率部入黔，将祭祀汪公的习俗带到安顺，汪公庙

随之出现在吉昌屯、狗场屯、五官屯、张官屯、九溪村等众多屯堡村落。每年举办的"抬汪公"盛典，以吉昌屯办得最为热闹。每逢春节，由公推的寨老将"汪公"从神位上请下来接入红轿，人们抬着"汪公"塑像走出庙门出游，经过村民家门口，各家各户设香案、放鞭炮迎汪公，以保一年平安。巡游结束后，村民们还会聚集在祠堂或村广场，进行传统的舞龙、舞狮等表演，十分热闹。

汪华的最大功绩，在于保境安民，屯堡人之所以崇拜汪公，与他们的生存环境息息相关。就其本质而言，应该是作为"人"的汪华，在一个特定的历史条件下，为老百姓实实在在做了好事，自然也就成了他们心目中永久的神祇。当汪公崇拜在其发源地渐渐淡化或消失之后，600年来这里却奇迹般地固守着这一传统习俗。2014年，抬汪公（抬亭子）被国务院认定为第四批国家级非物质文化遗产。

屯堡人注重"慎终追远"，重视祖先传统。各家正房设的神龛，其上供奉有"天地国亲师位"牌位。在他们心中，天地自然、家国大义、先师祖宗都时时不能

"抬汪公"活动

忘，重要时日都会在自家神龛前举行祭祀仪式，祈求先人的保佑。

　　一年中较为流行的民俗活动还有正月"朝玉皇"，二月"观音会""过河会"，三月"蟠桃会"，清明"上大众坟"，五月"迎菩萨""关帝磨刀会"，六月"秧苗会"、祭"土地菩萨"，七月中元节"放河灯"，八月中秋"拜月"，九月"重阳节"，十月祭"牛王"，冬月"贺冬"，腊月祭"灶神"，等等。

"抬汪公"活动

匠心如磐——

时光里的"守艺"人

明初随征南大军进驻黔中的，还有朝廷从江南和中原地区调集而来的各行业能工巧匠，他们被列入"军匠"户籍。从营建房屋到生活起居，处处留下了这些手工艺人的身影，为屯堡先民在黔中山地重建家园作出了积极贡献。时代变迁，这些匠户转变为普通的农民，但他们带来的传统手工艺得以一代代传承下来，并在新的环境中不断融合创新，留下了丰厚的传统技艺非物质文化遗产。

"四坊五匠"。屯堡传统手工艺涉及各种门类，其中具有代表性的是

手艺传承

"四坊五匠"。关于"四坊五匠"的说法，在我国各地都有结合当地实际所作的总结提炼。由于特殊的历史背景和生活生产环境，屯堡社区的手工业生产十分活跃，自给自足的体系比较完备，以"四坊五匠"为代表的传统手工艺得以较好地传承保留下来。早期"四坊"所指为碾坊（磨坊）、豆腐坊、油坊、酒坊，"五匠"所指为石匠、木匠（雕匠）、铁匠、骟匠、篾匠。随着生产生活方式的变化，屯堡"四坊五匠"的内容也在发生变化，如今的"五匠"多指石匠、木匠（雕匠）、铁匠、篾匠和银匠。

早期的"五匠"大都是有所家承的匠人。石匠是安家的"先行官"，包括做石基、石墙、石墩、石雕等。木匠的工作有做门窗、"雕梁画栋"，以及做衣柜、床、桌椅板凳等家具。铁匠负责打造锄头、犁耙、镰刀等农用工具。篾匠负责编造簸箕、撮箕、菜篮等竹编生活用品。银匠主要是制作各种银饰和银器。

屯堡木雕

为了满足日常生活的需要，碾坊（磨坊）、豆腐坊、油坊、酒坊等"四坊"逐渐兴盛，通常为手艺和质量得到公认的家族作坊。可见，屯堡人的"四坊五匠"就是安居乐业、生产生活所需。随着社会发展，各类匠人和作坊逐渐增多，比如补锅匠、补鞋匠、弹棉花匠、杀猪匠、泥水匠等。后来还有糖坊、面坊等作坊。屯堡匠人们坚持传承、弘扬世代相传的手工技艺，体现出精益求精的"工匠精神"。其中，屯堡木雕、石雕、银饰制作等远近闻名。

屯堡木雕技艺以地戏面具（脸子）雕刻为主，还包括垂花门楼、木雕花窗等木饰制作。日常所用家具也多有木雕，如满花透雕的重檐雕花大床。雕刻技法精湛，生动之中见雅致，取法传统江南风格，又多有变化精进。随着木雕技艺的发展，还创造了木雕龙柱、根雕等精美艺术品。2009 年，安顺木雕（屯堡木雕）被贵州省人民政府认定为第三批省级非物质文化遗产。

屯堡石雕技艺出神入化。既有石桥、石窗、石狮等大件石雕作品，也有日常生活的小件石雕器物，刀法细腻，形象生动。大量手艺精湛的屯堡石雕匠人，推动了安顺石雕技艺的高水平发展。安顺文庙被誉为"石雕艺术的殿堂"，大成殿前一对高 6 米的龙柱，系整块巨石透雕而成，呈现出玲珑剔透、婉转空灵的云龙造型。柱础为雄伟活泼的石狮，口中含石丸如巨卵，滚动自如。雕刻工艺难度极高，是国内罕见的古代石雕艺术精品。2001 年，安顺文庙被国务院认定为第五批全国重点文物保护单位。

屯堡银饰制作技艺源于江南汉移民，体现了汉族悠久的银器制作文化。千锤百炼的程序彰显精细的做工，小巧玲珑的造型蕴含美好的寓意。如"金玉满堂"银发钗、"龙凤呈祥"银手镯等。特别是屯堡手镯穿丝工艺，靠手工把银子拉成细如头发的银丝，经多道煅烧和抽拉再进行编织和焊接，呈现出令人赞叹的纹样。2019 年，屯堡银饰制作技艺被贵州省人民政府认定为第五批省级非物质文化遗产。

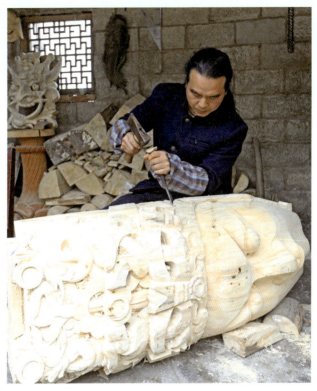

屯堡木雕

丝头系腰制作技艺

精美"屯银"

安顺文庙：石雕艺术的殿堂

鲍家拳。是中国最古老的武术之一，被称为武术"活化石"。鲍家拳是古时徽州一带相传的武术，包括棍、刀、枪、铛及徒手格斗等多种套路，明初随屯军带到安顺，在鲍家屯传承发展至今，是屯堡的军旅文化遗产。最初的鲍家拳运用于实战之中，以拳风泼辣，拳劲刚猛著称。随着时代的发展，逐渐成为屯堡人强身健体的方式。如今在江西万载县、浙江平阳县萧江镇等地，仍有鲍家拳武术传承发展。

鲍家拳属于民间武术但又与一般的武术有所区别，除了历史悠长之外，更重要的是鲍家拳重视武德教育，强调习武先习德，并定下规矩：为国为民练武，不得用武术谋取家族和个人利益，要求传习者扎扎实实苦练过硬功夫，习武自卫，不主动攻击他人。如今鲍家拳108棍、单刀、双刀、枪、铛等武术已在鲍家屯传了二十余代。在明清两朝，方圆几十里的屯堡村寨，武功数鲍家屯的最强，故有"买田买地九溪坝，拳打脚踢鲍家屯"之说。

鲍家拳

普定篇

风味美食——
舌尖上的"乡愁"

民谚"贵阳的穿着，安顺的吃喝"，其中安顺的吃喝主要指屯堡美食。明清时期，屯堡军民与南来北往的客商一起促成了黔中屯堡的繁荣和市场的兴盛，各种饮食菜系汇聚交融，催生了独特的饮食文化。屯堡菜的基础是淮扬菜，既有便于战时携带的特点，又有贵州山间坝子所衍生出的风味。烹饪方式多种多样，有成席成宴的酒席菜，有特色招牌的"屯堡八大碗"，有独具军旅特色的"屯堡军帐宴"，有小锅小灶的"一锅香"，还有种类繁多的风味小吃"过街调"。经过 600 余年的雕琢，屯堡菜成为黔菜的典

屯堡美食制作

型代表。

屯堡酒席。屯堡人家的酒席别具一格，逢婚嫁、建房等大事，皆请族中主厨进行张罗烹饪，七盘八碗的家常菜肴有二十余个之多。其特色菜品以屯堡家常菜为主，有糟辣肉片、炒鱼鳅辣椒、韭黄三丝、炒山药果、炒豆腐锅巴、炒汤圆、苦蒜烩小豆、炒板筋、酸菜蹄髈、山药蒸鸡，等等。一道道色香味俱全的菜肴依次上桌，普通食材变身成令人垂涎的美味，展现了屯堡人做菜的好手艺。

"屯堡八大碗"。屯堡人讲究七碟八碗，随着烹饪技艺的精进，最后形成了"屯堡八大碗"菜系。其内容会根据不同的场合、不同的区域或不同的喜好而有所差异，主要有腊肉血豆腐、辣子鸡、盐菜肉、红肉豆腐果、鹅脖颈、蹄髈、甜饭、蛊子汤等菜品。"屯堡八大碗"烹饪考究，风味独特，自成流派，如今已成为远近闻名的屯堡菜招牌。

"屯堡军帐宴"。屯堡人家有着许多秘制的军旅特色食品，除了"屯堡八大碗"特色菜品外，还有炒寡蛋、炒牛干巴、马烧腊、脆炸小茨菇、折耳根炒腊肉、裹蛋卷，等等。这些美食体现了军旅文化的色彩，又弥漫着浓浓的烟火气，人们称其为"军帐宴"，主打的就是美食背后的文化特色。

屯堡"一锅香"。这是各种菜肴融合为一锅的什锦杂烩菜。第一层将青菜、白菜炒好打底，然后铺放炒好的山药、豆腐果、韭黄等，最后再铺上回锅肉、糟辣肉片和辣子鸡等菜肴，以文火加热即食。各种菜肴杂烩一锅，其味道由辣、鲜、咸、酸、香五味巧妙组合，相互借味而出，一锅皆香。

除此之外，还有各种异彩纷呈的小吃"过街调"，如屯堡烤小肠、裹卷、夺夺粉、水晶凉粉、荞凉粉、冲冲糕、瓦耳糕、豆腐圆子、炒螺蛳、丝娃娃、油炸鸡蛋糕、油炸粑稀饭、九溪窝丝糖，等等。这些风味小吃，香气四溢，声名远扬，是外地人到安顺必吃的美食，也是让安顺人念念不忘的乡愁味道。

屯堡家常菜

夺夺粉火锅

冲冲糕

裹卷

豆腐圆子

丝娃娃

油炸粑稀饭

油炸鸡蛋糕

小锅凉粉

荞凉粉

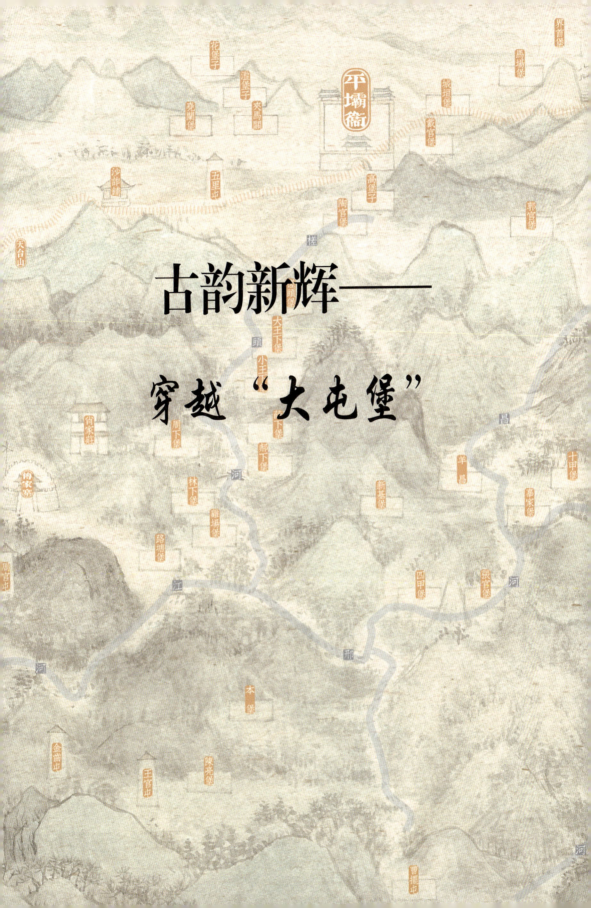

古韵新辉——

穿越"大屯堡"

600多年前，朱元璋的"调北征南"军事行动，使贵州山门洞开，明朝在这里拓宽道路、修建驿道，连通了邻近多省。历史学者认为，在中国的大西南，无论从军事的角度抑或从稳定社会、发展经济的角度，贵州都有着无可替代的区位优势。这种通道文化的形成，既是贵州的区位优势与自然环境使然，更是出于长期历史发展的积淀。

从明清时期滇黔古驿道成为西南连接中原的战略通道，到滇黔公路打通"抗战生命线"，再到今天的沪昆高速公路、铁路横贯"高速平原"，安顺始终是贵州重要通道上的战略要地。回望过往，无数名人经安顺、过屯堡，留下了经久不息的历史足音。

王阳明谪居贵州近三年，因其与同期被谪为安庄卫（今镇宁县）驿丞的刘天麒有故交，于是留迹于安顺，作诗咏叹安顺名胜龙潭洞："水光如练落长松，云际天桥隐白虹。辽鹤不来华表烂，仙人一去石桥空。徒闻鹊驾横秋夕，谩说秦鞭到海东。移放长江还济险，可怜虚却万山中。"

安顺高速公路网

明崇祯十一年（1638），徐霞客在他人生最后一次游历中来到贵州。4月18日进入安顺境内，经过今平坝、西秀、镇宁、关岭，4月25日离境过北盘江往安南（今晴隆县），前后七天。途经35个村庄、城镇、哨站，旅程约140公里，考察了41处山峰、岩洞、河流、溪泉、道路、桥梁、寺庙道观。在其《黔游日记》中，有约8500字是关于安顺的描述，留下了明代安顺地容地貌、风物景观、民情民俗的真实记载。过平坝卫（今平坝区）时，回味"市小鲫佐酒"。过普定卫（今安顺城）时，赞叹"普定城垣峻整，街衢宏阔"。过安庄卫（今镇宁县）时，探奇双明洞"双明漏月""门锁崝函"。游历黄果树瀑布时，感慨"捣珠崩玉，飞沫反涌，如烟雾腾空，势甚雄厉"。过关岭盘江铁索桥时，称道"望之飘渺，然践之则屹然不动"。这些文字，生动描绘了安顺"大屯堡"的历史剪影。此外，屯堡地区还流传着建文皇帝、沈万三、吴三桂等众多历史人物的传说，为屯堡增添了神秘的色彩。

清嘉庆二十四年（1819），林则徐被任命为云南乡试的主考，由湖南进入贵州，在平坝屯堡地域，对大田大坝的平坦景象留下深刻印象，挥毫写下了《过平坝》的诗章："豁开原野少崔巍，暂脱重山若脱围。历险始知平地好，骤寒翻讶早秋非。"

1902年，日本人类学家鸟居龙藏到平坝、镇宁等地，对被外界误认为是本地少数民族的屯堡族群进行考察访问。他的笔下记录了这一被称为"凤头苗"的族群，"女子之发髻，前部高束，形似凤凰之头""双足宽大发达，无缠足者"，指出他们其实是"屯兵移居的明代遗民"，是"汉族地方集团"。这一发现引起了学界的关注。1950年，费孝通先生明确认定屯堡人是"汉裔民族"。

20世纪80年代，安顺地戏走出国门赴巴黎、马德里等地演出，轰动一时，带动了一股屯堡文化研究和旅游热。由此，屯堡文化逐步被外界认识。西秀区七眼桥镇开始以云山屯作为窗口，打出了屯堡旅游牌。2001年，平坝县天龙镇探索"政府＋旅游公司＋农民旅游协会＋旅行社"的"天龙模式"，掀起了屯堡旅游最早的热潮。经过多年的旅游开发，以天龙屯堡、云峰屯堡、旧州古镇、鲍家屯为代表的大屯堡旅游框架初步形成。

今天，屯堡文化研究推广纳入贵州"四大文化工程"，这一珍贵的文化瑰宝迎来绽放华彩的新机。屯堡人和江淮"远亲"双向奔赴展开寻亲之旅，两地人民之间血浓于水的骨肉亲缘和心有戚戚的文化渊源更加深厚。从安顺来到江南寻根的屯堡人，与故土的乡亲们深情相拥，浓浓的亲情奔涌交融，场面令人感怀。2024年6月，贵州再次到南京开展文旅推介，向江苏和全国人民发出邀请：走进"公园省"、穿越"大屯堡"，体验绵延六百年的家国亲情。安顺围绕打造"黄果树瀑布、大明屯堡文化、安顺古城"三大核心吸引物，推动以文塑旅、以旅彰文，唱响"21℃的城市"品牌。随着安顺"大明屯堡旅游度假区"规划建设，从安顺古城出发到天龙屯堡，从云峰屯堡到旧州古镇，再到鲍家古屯……一颗颗屯堡明珠串联成文旅融合的精品线路，徐徐展开一幅生动的文旅画卷，奏响中华优秀传统文化创造性转化、创新性发展的强音。

屯堡是历史文化的"活化石"，也是生动的现实生活。走进"大屯堡"，纵观明初贵州卫所、驿道、关隘的总体布局，我们更能领会当年"造贵州，定西南"的深远考量。走进"大屯堡"，透过村落古道的斑驳垣墙，我们隐约听见各民族交往、交流、交融的历史足音。走进"大屯堡"，见证祖国大西南的时代新貌，我们更深感悟铸牢中华民族共同体意识的重大意义。

"屯堡"是打开贵州的一把钥匙，更是读懂安顺的立体画卷。走进"大屯堡"，我们将共同奔赴"屯堡·家国六百年"这一绽放时代新辉的文化史诗。

黄果树瀑布：唱山祭水热文旅

高铁穿越屯堡

乐游屯堡

鲍家屯春晓

村寨掠影

天 龙

天台山伍龙寺

天龙古镇位于平坝区，是中国历史文化名镇，被称为"屯堡文化之乡"。"源出江淮六百年，耕戍田陇；枝发云贵三千里，守望家山。"寨门上的对联是屯堡家国往事的生动写照。

这里小桥流水，巷道如故，明风淮韵。寨门口立有"四公碑"，纪念天龙明初入黔的四大姓始祖。寨内驿茶站、演武堂、天龙学堂、九道坎、"叶茂思根"碑、三教寺等，彰显了深厚的人文底蕴。近年来，天龙屯堡村民们远赴南京寻根，成为两地血脉相亲、文脉相通的一段佳话。

登临古镇景区内的"黔南第一山"天台山，山中古银杏历史悠久，枝繁叶茂，秋末染黄，灿然壮观。"云从天出，天然奇峰天生就；月照台前，台中胜景台上观。"石门上这一楹联既将"天台"二字巧妙嵌入，又将佳景尽录其中。全国重点文物保护单位天台山伍龙寺矗立险峰之上，建筑与山崖浑然一体，如天然城堡，巧夺天工，被誉为"石头建筑的典范"。

天龙古镇

云山屯

云山屯是云峰八寨典型村落，也是中国历史文化名村、中国传统村落，位于西秀区七眼桥镇。云山屯古建筑群属全国重点文物保护单位。云峰八寨有八个屯堡村寨，是安顺屯堡文化的核心区。

村寨依山而建，地势险要，易守难攻。碉楼和寨墙依山势的起伏分布于两侧山腰，中间主街道隐匿其中，前者为后者提供了保护屏障。这里是通往云南的古驿道，固若金汤的安全庇护成就了这里商贾云集、买卖兴旺的景象。建于清末民初的德昌生药铺，"膏丸丹散"一应俱全。据传当年在安顺和平坝一带买不到的稀有药在这里都能买到。当时马帮汉子们常坐在马背上交易，因此商家铺台设得很高。寨内大屯门、古戏楼、财神庙等古迹尚存，仍可窥见当年热闹繁华的景象。

云山屯所依的云鹫山，卓立如笔，险径逼仄，其上有古刹云鹫寺，云气缭绕，"雨来云鹫"为安顺古时"外八景"之一。

云鹫山风光

云山屯戏台

云鹫山雪景

云山屯古道

云山屯古建筑群

本 寨

本寨风光

本寨是云峰八寨典型村落，也是中国传统村落，位于西秀区七眼桥镇，与云山屯相邻。本寨古建筑群属全国重点文物保护单位。

"六百年风云暗蕴，八千里星月可追。"屯门上的对联是本寨屯田安边的历史记忆。寨内尚存7座保存完好的碉楼。杨氏老宅、宏坤别墅等四合院民居，充分体现了江南建造工艺与黔中石头建材的完美融合。四合院民居门庭精美，上方垂花门楼工艺精湛。隔扇门窗、额枋、门簪、石柱础、石池墁、石水漏、石门联等体现了江南建筑装饰的特色。街巷路口建为"T"字形的三岔口，宅院之间暗门相通，高墙相连，布局严谨，结构坚固，易守难攻。

本寨是屯堡建筑"防御性与舒适性兼有，阳刚美与阴柔美共存"的代表。

本寨民居

垂花门楼

108

本寨民居　　　　　　　　　　　　　本寨碉楼

鲍家屯

鲍家屯位于西秀区大西桥镇，是中国历史文化名村、中国传统村落。鲍家屯将江南"水口园林"引入村落入口区，让山水、田园融为一体，园林、村落相互映衬。有"小都江堰"之称的古水利设施泽被后世，营造了柳影婆娑、群鸭戏水、田畴交错的怡人风光。抬汪公、鲍家拳、丝头系腰等是鲍家屯世代传承的文化遗产。

　　鲍家屯内、外八阵布局是屯堡村寨防御系统的典范。坚固的石头房屋和巷道构成的"内八阵"，包括青龙阵、白虎阵等，体现"街巷为阵、屯阵合一"。"外八阵"则是利用寨墙外四周的山峰和河道，以石墙、碉堡、岩石、壕沟和河沟等构筑起八道外围防御阵地。此外，鲍家屯村还保留着完整的中轴线。这条中轴线由南向北，经屯口—瓮城—汪公殿—大佛殿—关圣殿—练武场—鲍氏宗祠—振威将军陵园，贯穿全屯，具有中轴对称和主次分明的特点。

　　江南古韵和军旅遗风在这里完美融合。

鲍家屯水碾房

鲍家屯古村

鲍家屯古碉楼

鲍家屯风光

112

鲍家屯水碾房

鲍家屯民居

旧州古镇位于安顺市西秀区旧州镇，中国历史文化名镇。为原"安顺州"所在地，后州治迁移到了普定卫城（今西秀城区），自此称为"旧州"。"先有旧州，才有安顺"之说由此而得。

这里保存着比较完整的古镇格局，南北向的五道城门是一大特色。古街古巷纵横交错，传统民居保存完好，一派浓郁的江南风情。旧州历史上人才辈出，文脉绵长。周之冕故居、鲁氏老宅、土州衙署、土司府等古迹，处处留存深厚的人文底蕴。

旧州东临邢江河，三面环水、一面枕山、平畴沃野，自然条件优越，素有安顺"米粮仓""小江南"美誉。旧州菜肴是屯堡菜的典型代表，众多舌尖上的美味让人垂涎欲滴。其中最出名的旧州鸡辣子，是用当地的土鸡和辣椒再加上生姜、蒜等调料制成，适合储存，可驱寒去湿。

"旧州品旧"，让生活慢下了时光。

旧州古街

旧　州

旧州风光

周之冕故居

旧州风光

九溪村

九溪河灯节

九溪村位于西秀区大西桥镇，因有九溪在此汇合而得名，是中国传统村落，也是全市最大的屯堡自然村寨，素有"屯堡第一村"的美誉，流传着"九溪是座城、只比安平少三人"的民谣。安顺城首任普定卫指挥使顾成的后裔，至今仍生活在这里。

历史上九溪不断扩容，形成了大堡、小堡、后街组成的"两堡一街三片区"格局。"三老（村旁的三座峰岩）下棋、青山如画。九溪汇聚，大田大坝"生动描述了村寨的山水风光。寨中的石拱门、古井、古寺、古戏楼古意盎然，引人遐思。

在人口富集的九溪村，民俗活动丰富，有玉皇会、观音会、蟠桃会、开秧门、雷神会、河灯节、牛王会、祭灶神等，从年头热闹到年尾。尤以七月半放河灯的场面独具特色。夜色降临，家家户户点亮精心制作的河灯，放入村前的河中缓缓漂流，寄托思祖之情，祈福生活安康。远远望去，河上灯影绰约，如梦似幻。此外，九溪糯米糖、烤小肠已成为远近闻名的屯堡小吃。

九溪的平凡日常散发着原汁原味的屯堡烟火气。

九溪春色

九溪民居

九溪古井

九溪巷陌